KB070951

비는 왜 음악이 되지 못하는 걸까

정이경

시인의 말

눈 닿는 곳곳,
서류더미들 속에서는
오롯이 시인으로만 살 순 없었다
또한
시인도 시인을 좋아하지 않지만
나는
내가 만든 나와 함께 갈 것이다
오지에서
오지를 오가는 쉽지 않은,
아직 작동되지 않은 것들에게로

2020년 겨울
정이경

비는 왜 음악이 되지 못하는 걸까

차례

2부 눈사람 주파수

3부 꽃은 허공을 어떻게 건너왔을까

1부
건기와 우기를
한참 지나쳐 왔다

탄자니아산産

킬리만자로와 세렝게티 사이의 아루샤*
그대가 머금은 향기 속 길들지 않은 희박한 공기도
기꺼이 받아들이기로 합니다
붉은 열매에 가장 가까이 몸을 구부린 사람들 때문
입니다
까맣게 탄 바람은 잠깐씩 코와 목덜미를 스칩니다
맨손과 맨발의
그런 들숨과 날숨 뒤
낡은 테이블 위의 탄자니아산産 커피 한 잔
그대의 꿈도 한발 더 가까워졌을까요
아프리카의 지붕 탄자니아에서도 북동부로 옮겨 온
날이었지요

비로소 다른 나라의 말을 온몸에다 새깁니다
뜨겁게, 뜨겁게

* 케냐와 국경을 접하며 북서부에 세렝게티 평야가 있고, 남부에
는 마사이 대초원이 있는 탄자니아 커피의 주요 산지 도시.

반야용선, 아프리카

그늘을 함부로 탕진하지 않겠다고 약속한 이상
멀리에서 더 먼 곳으로 달아나지 못하도록 그 말을
아끼고 아껴
건기와 우기를 한참 지나쳐 왔다

어쩌면 어제의 날씨와 오늘 날씨는 아무런 상관이 없
었는지도 모른다
세계지도를 오려
탄식과 희망을 함께 보관했다는 오래전 이야기
언젠가 너를 만날 수 있겠다는 간절한 다라니*가 되
었다

그렇지 않은가요?

혼자 걸을 수 있고 혼자 누울 수 있는 무지개다리가
되고
꿈속에서도
검붉은 그 길은 자꾸 길이를 늘였고 사방이 캄캄하

였지만
　　이미 뜨거워진,
　　이를테면
　　악착보살처럼 나의 의지는 오로지 나만의 것

　　크고 작은 문을 여닫은 후에야 모자 하나를 집어 든다

　　구름 같은 빵 한 조각을 배낭에 넣고
　　당신도 오면 참 좋겠습니다

* 산스크리트 문장을 번역하지 않고 '음' 그대로 적은 비밀스러운 주
문을 뜻함.

응고롱고로* 연가

아루샤를 출발해 세렝게티 가는 길
한순간 공중으로 치솟아 오르는 느낌이 든 때가 있었다
그때 미처 고개 들어 보지 못한 머리 위는
무지개로 빛나고 있었을까
젖어 있다고만 여겼는데

노래하는 너

춤추는 너

늙은 발걸음을 가진 코끼리도
일가一家를 이룬 사자도
너를 쳐다보던 나도
허공을 디딘 왼발과 오른발에서는 내가 모르는 악기 소
리가 났고
나비와 함께 날아오르던 명랑한 음표들이 가득한
때로는
발바닥이 촉촉하고 붉은 눈물을 머금기도 하는

배꼽 부분에서라고 들었다
너의 잠은 한없이 둥글고 깊었고
네 언저리에서 둥둥 떠다닌 나는 먼 곳이었다

* 탄자니아 북서쪽의 사바나, 숲, 계곡, 칼데라 등 다양한 지형을
아우르는 약 8,100km²에 이르는 세계 최대 휴화산 분화구. 지름이 약
15~20km에 달하는 곳으로 아프리카 물소, 얼룩말, 하이에나, 사자 등
많은 수의 야생동물이 서식한다.

세렝게티에서의 두 가지 표정

구름이 흩어지는데 날아오는 새들이 있다
붉은 놀을 끌고

지평선을 따라 펼쳐진 초원에 대하여
의심하지 않았다
불편하다거나 불안하겠다고
무리와 떨어져 나뭇잎을 먹던 기린을 보면서도
전혀,

어제의 지평선을 버리고 건기로 접어든 물가에
완전히 꺾지도 못하고 접을 수도 없는
긴 다리의 슬픔이라니
어떤 상처와 공포가 도사린 곳에서
겨우겨우 일어나 그곳을 벗어나던
기린의 목과 다리에 대하여
공중의 높이에 대하여
일찍이 입력된 기호는 버려야 한다
구름이 다시 몰려오는 것처럼

삶의 문제는 언제 어디서나 진행형

새들이 왔다 날아간 자리에
불쑥 끼어든,
다시금 반대편을 생각해 보기 딱 좋은 해 질 녘
저, 기린

먹먹, 세렝게티*

건기의 물속 몸을 숨긴다고 숨긴 하마와
자기 집에 대한 정당한 소유권을 주장하지 못한
새들은 주위에서 주위를 맴돌 뿐인
물가의 나무 아래 사람들의 식탁이 차려졌다
짐승들을 위한 안전표지판은 그 어디에도 없이

온종일 방향을 알 수 없는 곳으로 다니다
지평선을 등에 업고 숙소로 들어서는데
기다렸다는 듯 사방에서 퍼부어대는 비
밤늦도록 여린 울음소리들,
한데서 비 맞고 있을 저들은
평온을 찢고 들어온 돌풍과 막다른 시간에 숨이 막
힐 것이다
오늘 밤 안식처를 끝내 잃고 만 불안하고 두려워 어
찌할 줄 모를,
작고 여린 저 울음소리
숨어들 곳 없는 평원에서의 길고 긴 밤이라니
느닷없이 출몰할 포식자의 시선을 피하려

서성이는 발아래로 어미는 계속하여 검은 밤과 싸우
게 되리라
　창밖보다 더 어두운 풍경화 한 점 내걸리는 사이로
　비는 왜 음악이 되지 못하는 걸까요
　이 말을 하는 나는 무엇을 할 수 있는 걸까요

* 스와힐리어로 '끝없는 평원'이란 뜻.

친절한 배후 세력

어릴 적
달리기 시합이 싫었다
친구들은 기다렸다는 듯 뛰쳐나가는데
항상 한 걸음 늦게 출발했다

나는 늦네, 언제나 늦네

달리면서도 부딪힐까 늘 두어 걸음 비켜 달렸다
―앞을 보고 더 힘껏 달려야지

코카콜라, 위스키 루트*는 키네시오 킬리만자리** 너머로
얼굴을 내미는데
나무가, 꽃들이 점점 키를 낮추고 계절이 순간적으로
몸을 바꾼다
오늘은 그런 날
몇 개의 산등성이를 넘었어도 이대로 영원히 걸을 수
있겠다

두근대는 분홍빛 내 발바닥을 보았나
다른 세상에서 복화술사가 되신 아버지

—얘야, 오늘은 천천히, 아주 천천히 걸으렴

위스키를 비운 유리잔처럼 말갛게 안경알을 닦으시네
화산재 먼지를 헤치며

나는 걷고, 또 걷고

유리잔에 든 아버지의 눈빛까지 마셨던 것일까
복화술사가 은밀히 건넨 위스키 한 모금
다시 해가 뜨고 있었다

나는 걷고, 걷고, 또 걷고

---

* 킬리만자로의 최고봉인 우후루피크(5,895m)에 닿으려면 코카콜라,
위스키 루트 등등을 걸어 올라야 한다.
** 킬리만자로에 자생하는 높이 5~6m에 이르는 식물로 400년간 자란
다고 한다.

킬리만자로에서 사라진 입

―뽈레뽈레*

여자가 손을 내밀자
비상용 간식이 든 배낭을 제 것인 양 메고 희미한 미소
를 보여요
팅가팅가** 속에 그려질 법한 전사의 모습이 아니어서
여자는 불안하면서도 한편으로 다행인 표정이어요

드러내고 싶지 않은 몇 개의 얼굴
부끄러운 입으로 살아온 오랜 날이
불쑥 튀어나오는 발걸음으로도
적당한 보폭을 나누어 가져요

여자는 미간에 머무는 질문을 혼자 해요
그의 어두움과 막연한 어둠의 깊이가 겹치면
어떤 경계에 도달할까요

두 어두움, 다른 높이로 가기 위해
샤이*** 발걸음 더욱 느려지고요
허방을 딛는 여자의 발걸음은 자꾸 투명해졌어요

키보산장에서 우후루피크에 닿기까지

마흔네 살 샤이와의 사이에는 뽈레뽈레만이 필요했
을 뿐

여자의 등 뒤로

노모와 세 딸의 생계수단인 검은 길, 말없이 따라오
기만 했지요

까맣게 잊고 만 어떤 얼굴은 전사가 되기에 부족함이
없었고요

서로에게 무덤덤한 표정이 되지 못한,

결코 할 수 없었던 밤을 서로가 서로에게 밀어 주었
던 거지요

* 아프리카어로 '천천히, 천천히'란 뜻.
** 아프리카 고유의 색채로 자연, 동물, 신화, 신앙 등 탄자니아만의
문화를 고스란히 담은 장르로서 아프리카 현대미술을 창시한 애드
워드 사이디 팅가팅가의 이름에서 따옴.
*** 우후루피크까지 동행한 포터 이름.

결국은 우후루피크*

달도 없는 밤
키보산장**을 빠져나왔다
자정 무렵
발목을 비끄러매는 급경사
화산재 너덜지대는 발걸음 옮길수록
곳곳이 허술한 나를 비웃는데
유성이 떨어지는 곳에 있을 세렝게티를 생각했다

날이 새면
그곳으로 갈 것이라고
기린이 되고 표범이 되어
길 위의 길을, 바위 뒤의 바위를,
당신의 눈썹을, 별의 한숨을
뛰어넘고 넘었다

검은 밤을 걸어 올라온 무거운 신발과
꼬리가 긴 산길을 달고 다닌 그림자가
스물여섯인지 예순둘인지

내가 누구인지 모른 채로

거친 호흡과 호흡 사이
만년설은 허기진 배 속으로 들어가고
남은 빙벽으로 채워진 머릿속은 조악하게 하얗다
졸음이 실린 몸은 하산을 서두르지만
이 무중력의 꿈은 누구의 꿈인가
당신의 꿈일까
나의 꿈인가

* 스와힐리어로 '빛나는 산'이라 불리는 킬리만자로 공원 내의 최
고봉(5,895m)으로 '자유'란 뜻이 담겨 있다.
** 세계에서 가장 높은 지대에 있는 산장(4,700m).

커튼콜
—탄자니아와 케냐 접경지대에서

붉은 길에 접어들자
어떤 사람은 남고 어떤 사람은 계속해서 걷는다
검은 밤을
천천히, 아주 천천히
지나
2월은 짧게 와서 길게 갈 것이다
구경꾼이 없어도
혼자 춤을 출 것이다
오래
느닷없는 리듬에 이끌려
다시금
나는 새로운 나에게로 도착될 것이다
발뒤꿈치 사뿐 들고

그녀 정강이뼈에서 나는 소리

―케나*

꽃을 피우고 새를 불러오는
아과스칼리엔테스** 기차역전 거리의 악사 셋,
　애써 무덤덤한 표정으로 허공을 넘나드는 내 귓바퀴
는 자꾸 박자를 놓쳐요
　나란히 발걸음을 맞추고, 풍성한 치마 아래로 살짝
드러나기도 하던
　사랑스러운 그녀의 정강이,

　그녀의 온기가 완전히 식은 다음에야 듣게 된다는 아
찔한 리듬은
　나비를 따라갔을까요
　후렴구는 다른 세상으로 건너가고 건너옵니다

　무릎을 구부려 오래 깎고 다듬은 음표를 어떻게 옮
겨 왔는지

　와이나픽추 정상에서 내려다보기 그만인
　우루밤바강은

몇 날을 돌고 돌아왔어도 안데스의 얼굴을 다 보여
주지는 않습니다
　　저 흙탕물이 쏟아내는 소리, 계곡을 휘돌아 온 바람
소리가
　　그녀의 정강이뼈에서 나는 소리라니요
　　전날 내린 빗소리까지 따라 나오다니요
　　안개 자욱한 비탈길 옆 한 송이 꽃, 그녀도 나를 보았
을까요
　　이제 기차를 타야겠습니다
　　그녀와 함께
　　우루밤바 강물 소리도 오늘 밤 나를 따라나서겠지요

---

* 사랑하는 사람이 죽은 후 그 뼈로 만들었다는 전설을 가진 잉카
인들의 전통 피리.
** 마추픽추로 가는 관문 격인 페루의 도시.

랑가르의 별
—파미르 고원에서

지프가 멈춰 섰다
온종일 길게 흐르던 판지강*을 왼쪽에 두고

하늘엔 이미 북극성이 얼굴을 내밀었는데
지프를 몰던 키르기스스탄 사람 보뜨엘은
타이어를 들어내더니 급기야
차체 아래로 상반신을 밀어 넣는다
자신의 북극성은 그곳에 있다는 듯
쏟아지는 비지땀은 두 아들을 키우는 빵이 되어 줄
것이다
이국에서 온 우리는 기껏
북두칠성이나 카시오페이아를 가리키고

서글프게도 서로를 이해하면서 외면하는 사이
캄캄한 저녁이 깊고 견고하게 내려앉는
그런 몹쓸 여름날
저 건너의 힌두쿠시산맥은 말없이 또 한 겹의 지층을
쌓았을까

풍경은 차창 밖에서 줄지어 펼쳐지는데

* 아프가니스탄과 타지키스탄 사이를 흐르는 강으로 자연스럽게
국경 역할을 한다.

몽골, 겨울 그라피티

기다리던 편지처럼 왔습니다 십이월은
눈 덮인 초원에 풀어놓은 양 떼
온종일 머리를 박고 있었습니다

자연에서 얻지 않은 것은 없다고
일용할 양식을 구하느라 옮겨 다니지만
맥박은 그지없이 평온합니다
게르의 문 자주 여닫히고 사람들도 둥글게 모여듭니다
한꺼번에 왔다 가 버릴 사람들이 드나드는 사이
저녁과 함께 새끼 양을 안고 들어선 남자의 표정은 모
든 것을 품습니다
이것은 어떤 마음입니다
새벽까지 난로의 불씨를 걱정하는,
광야의 바람과 보이지 않는 짐승의 소리를 끌어와 리듬
을 만들어 냅니다
꽁꽁 언 두 손이 흐미*를 듣게 된 귀를 어루만집니다
그날 밤 게르 밖의 별들도 둥근 모음으로만 빛났습니다

* 몽골의 전통 음악.

연해주의 나날들
—보르다르스코로 38번지*

아르바트 거리에
푸시킨 생가와 그의 동상이 있다지만
우수리스크로 내달렸다

각자에게는 각각의 비밀이 있고
누구에게나 슬픔이 있듯

노비였던 아버지를 따라온
아홉 살짜리도 가끔은 함경도 농부가를 들었을까
어설프게나마 몇 소절을 따라 불렀을 수도 있겠다

가사가 기억나지 않는 노래를
몇 장단이라도 꿰맞춰 내지 않으면 영영 지워질까 봐
애써 느린 발걸음으로 돌아 나오는데
고양이 한 마리 현관문 뒤에서 눈을 맞춘다

빈집에서 빈집으로 기억되는 그해 여름

움직이지 않던 구름도 알아차렸을 것이다
끝까지 비겁하게 죽지 않은 죽음에 대하여
나름대로 예를 갖추고
굳이 블라디보스토크라고 이름 붙이지 않은 이유가
되어 주었다
그저 지명으로 기억될 아르바트 거리는 끝까지 지명
으로만 남고

* 독립운동가 최재형(1860~1920)이 말년에 기거한 곳.

아무르강 연대기

엉덩짝에 몽고반점이 찍힌 채로
저 길고 긴,

영영 돌아갈 수 없는 날들을 어떻게 살아내야 했을까
한번은 하염없이 목놓아 울기도 했을 것이다

사막과 설원을 끼고 여우, 쇠재두루미를 거느린 오논
강*은 어쩌자고 척후병도 없이
휘돌고 휘돌아 순록과 곰을 품고 오호츠크해로 흘러
들어 대륙이 얼어 버린 날은 사할린까지 걷게 하였나

등을 고스란히 내어 준 채

밑밥처럼 자양분이 된 초원과 숲은 젊은 시절을 지나
귀신고래를 키우고 명태와 연어를 담아냈다지만
낙동강이나 영산강가에서 놀던 발걸음들을
바다 없는 이 하바롭스크의 콤소몰스크 광장에까지
서게 했을까

레닌공원을 휘돌아 자작나무 즐비한 아무르강가에 와
서야
　　검은 푯말 아랑곳없이 풀썩 주저앉고 만 그,
　　한없이 멀어진, 무작정 닿고만 싶은,

　　막무가내로 밀려들었을 것이다
　　오랫동안 영 떨쳐지지 않았을 것이다

　　근시에다 태생이 지독한 난시인 내가 와락 껴안고 만다
　　푸른 반점 없어진 지 이미 오래되었으나

* 몽고에 있는 아무르강의 발원지.

2부

눈사람 주파수

동어반복

이런 날이 종종 있지
외근 나왔다 애매한 시간 사이
가볍게 차를 마실 사람은 얼른 떠오르는데
국수 한 그릇 함께 먹을 이 마땅치 않아
(쨍쨍한 햇살의 계보를 펼쳐 보지만)
결국 혼자 넘기는 면발 몇 가닥
그마저 뚝, 뚝, 뚝,

때로는 가벼운 삶도 나쁘지 않을 텐데
오늘도 너무 무거웠다고
맞먹는 앞산 앉혀 놓고
처음부터 몇 개의 수저로 거들먹거릴 생각도
목 넘김이 수월하지 않은 건 더더욱 싫다고
꾸역꾸역 밀어 넣고
끝까지 따라온 제 그림자와 마주한다

7024번

봉은사를 지나쳐 돌아 나오는 걸 잠시 잊었다

아스팔트에 죽은 새가 있고 개미만 한 사람이 담긴 애드벌룬 하나가 건너편 빌딩 모서리에 걸린 비현실적인 꿈을 어젯밤 꾸었을까 높게 둘러쳐진 담장 안에서 나무는 자라지 못한 탓이었을 것이다 경계와 경계를 나누는 것은 꿈속의 당신과 꿈 밖의 나에게 아무렇지 않게 손을 흔들어 보이는 일인지도 모른다 검은 길을 매달고 온 녹색 버스가 희망은 말하는 것이 아니라 그려 주는 것이란 듯 두 눈 크게 뜨고 두리번거린다

맥을 놓아 버리는 일보다 구겨진 가방이 되는 것쯤이야 어찌 되었건 서울역에서 신촌으로 가는 거잖아 후줄근해지거나 다시금 파리해지는 일쯤이야 더 움츠러들기 전에, 이른 아침부터 무겁지도 가볍지도 않은 다짐을 풀썩, 던져 놓고 넉살 좋게 기대어 흔들리며 기울어져도

괜찮아, 다 괜찮아

40

흰 발목을 가진 다리들 휘어지고
무거운 모자 눌러쓴 머리들 휙휙 지나가고

동명이인

당신은 휘파람으로 입술을 모으고
여전히 귀에 익은 노래를 부르네

귓불에다 붉고 푸른 새의 깃털을 새겨 넣는,
나의 의지와는 상관없이 자라는
오래전의 사랑이 자꾸 이마를 덮고 눈을 가려요
수시로 자세를 바꾸는, 표정을 알 수 없는 바람이
불어 더욱더 그랬을지도 모르죠
긴 머리카락을 모자 속으로 감추며
당신을 곤줄박이나 동고비로 부르고 싶은
어떤 노래는 자꾸 음을 높여요

산에서 내려온 다음 날
아예 개명을 할까 심각하게 생각해 보았어요
아침에는 마추픽추에서 만난 라마나 알파카를 들앉
히고
밤에는 만년설 봉우리를 슬쩍 얹어 보거나
내일은 세렝게티의 초원지대와 거대한 분화구를 불

러오고

　물고기자리 별까지도 데려온다면

　아마도 우린 멀리에 있는, 다른 종種으로 분류되겠죠

　어느 행성에서 왔다거나 사라진 명왕성을 살다 간 이
름 쪽으로도

눈사람 주파수

출근길의 교통방송을 그대로 둘까 하다가
눈사람에게 주파수를 맞춘다
퇴근길인 까닭이다

집으로 향하는 차들과 다른 자세로
서 있는 가로수는 어제와 같은데 건너오는 바람은 중
저음이다
반사되는 불빛과 어긋나는 눈들이 잠깐 머물던,
점멸등이 켜진 교차로를 천천히 통과하지만
오늘 밤도 여전히 그루잠을 잘 것이고 그사이에
내 발목이나 무릎께 정도는 저 먼
북유럽에라도 가 있겠다
또는
이미 헤어진 그녀와는 상관없이 무작정 그녀의
고향에 가 보고 싶다는
한 시인을 떠올리고 있을지도 모를 일이다
마음을 죄다 끊고 사는 일보다
스스로 갇히고 마는 걸 마다하지 않듯

문득 길가에 차를 대고 얀바밍*을 하고
싶어지는 12월
누군가는 자작나무로 만든 소인이 찍힌
눈사람의 우편물을 받을 수도 있을 것이다

* 게릴라팅 혹은 그래피티 니팅으로 불리는데 나무, 난간 등에 손
뜨개질한 뜨개옷을 씌우는 행위.

선인장 꽃말*

잠시 달에 다녀오겠다고 하였다
일찍이 본 적 없는 별을 가지러 갔을까
몸 안팎에 그토록 촘촘한
촉수를 안테나처럼 세우고

없는 귀와 입을 벌려
쏟아져 내리는 빛나던 말을 담아 두고 싶은
밤은
항상 너무 짧은 게 문제야

모래바람이 섞어 놓은 표정은 최대한 난해해진다
평생
지구의 변두리에 긴 그림자만 세워 두고

달에 잠시 다녀오겠다는 약속은
여전히 구름과 태양을 데리고 나타나지만
그의 시간과 나의 시간이 다르다는 사실을

* 불타는 사랑.

그 후

접시에 담긴
덜 익힌 고기를 잘라
아무렇지 않게 먹을 수 있다는 건 무엇인가
지나간 시간
흘러가 버린 세월의 이름을 빌려 와
마주 앉은 뻔함은 아닐 것이다

우리의 삶은 늘 아득했고 멀었다

일찍이 변하지 않은 사랑이란 그 어디에도 없다는 듯
이유를 덧붙이지 않던 나를 떠올리면
한없이 화가 났었다는 너와는 달리

야위어진 네 얼굴을, 더
깊어진 눈을 오래 보고 싶었을까

가능하면 담담하게 말하려 애쓰는 너를 위해
참회록을 쓰듯 여전히

잠자코 들어 주기만 했다

곧잘 지나치던 미술관
담벼락이 높다란 여학교를 끼고 길고,
긴 그 길을 걸어서 내려왔다
멜로 영화를 찍듯

그 후
우리는 더 아득했고 더 멀어졌다
기도는 더욱 간절한 손이 되겠지만

기어코

까치발도 모자라
카렌족 여인처럼 목을 길게 빼고 있다

때가 되면 온몸으로 노래 부르겠다고

시베리아 횡단열차는
침엽수림의 사열을 받고 더욱 의기양양했다지

먼 곳의 이야기는
방향을 알 수 없는 거센 눈보라를 날리고
폭설에 폭설을 더한 계절 내내
수없이 다녀간 왼쪽과 오른쪽이 있었지만
각자의 방식으로 견뎌 내야 했다

자주자주자주…

손가락 두어 마디 같은 비가 내리자 간지럼을 타던
옆구리가 생겨났다

자목련 한 그루가 마구 쏟아내는 빨강과 보라 사이의
눈물이
　가지와 가지 위에다 기어코 새 떼를 올려놓았다

　어떤 계절의 첫마디가 되는,
　노래가 탄생하는 순간이다

기어코 그녀

―우물가 자목련 한 그루

대문 밖으로 맴돌던 아버지
비문증이 있었고 이명이 심했다
스스로 유적이 되거나
유폐를 원하였을지도 모른다는 생각이 들었다

유일하게 아버지의 난시를 물려받았고 왼손잡이를
이어 가진
길고 긴 겨울 우듬지에 내걸린 나는
분명 다른 이름의 새였다
문고리가 담긴 액자 속에서
문지르고 문질러도 어김없이 제 몸과 이별하는
꽃만 가득했으므로

생의 한쪽 모퉁이가 나간 대문의 경첩 삭아 헐거워지
도록 꽃을 피우고 잎을 피워내던 자목련 아래의 마당이
느릿느릿 일어나자 어떤 통곡을 감춘 검은 그루터기가
생겨났다
잠시 다녀간 햇빛들의 간격 사이로 발볼이 좁은 발자

국이 고스란히 드러난,

엄마가 엄마를 베고 난 이후의 일이다

그 많은 눈은 이제 어느 우물에 눈 맞추고 있을까

꽃밭의 수사학

1

낡은 대문 옆이나
오랜 시간을 견딘 마당가는
그런대로 이해되는 부분이다

생뚱맞게
텃밭의 부추와 상추 이랑 사이라니
왜 만들었냐고 물으니
팔순의 무릎이 겨우 세워서 하는 말

―일하다 쳐다보면 좋아서

굽어진 이랑에
온몸으로 피워낸 계절이 없는 꽃
피고 지기를 반복해

2

아흔을 눈앞에 둔 어머니가

갈수록 화려하다

분꽃, 베고니아, 금잔화, 국화, 게발선인장…
그 옆의 점박이, 검은색 길고양이들까지

대문께 덩굴장미도 우물가의 목련도
흰 꽃은 흰 대로 붉은 꽃은 붉은 대로
참다, 참다 끝내
제대로 피고

한 마리가 두 마리를
두 마리가 세 마리를
그 세 마리의 새끼들까지
마음대로 드나드는 건
문 열고 꽉 들어차던
발자국 소리, 말소리가 부쩍 뜸해진 탓이다
그러거나 말거나
허물어진 담장이 있는 오래된 집에는

탄생과 소멸을 반복하는 꽃밭이 있다

골목

채송화주근깨 봉선화손톱 맨드라미머리핀 분꽃안
경도 위로가 필요한 시절
　구름의 안색을 살피거나
　까치발로 목을 빼다가
　까마득한 어둠에 담겨

　―엄마, 엄마, 엄마

　불안이 잔뜩 내려앉은 웅크린 어깨에
　그림자 없는 잎사귀만 자라고
　나는 귓가를 닦아내느라 골목의 모퉁이가 다 닳아
버렸어

모빌

여동생이 이씨 집안 종손을 낳았다
그날 오후 그 종손의 할아버지는 오랜 병상에서 희미
한 미소를 공중으로 밀어 올리며 돌아가셨다

(신생아실 창 너머로 들여다본) 2kg도 안 된다는 아이
는 주먹을 꼭 쥔 채 몇 번의 하품만으로도 나비의 날갯
짓을 내보인 셈이다
간호사는 할아버지 미소를 끌어내려 커튼을 닫지만
사람들의 발걸음은 복도 길이만큼 긴 미련을 만든다
이미 그 종손과 할아버지의 배꼽은 이 세상과 저세
상 사이
아주 멀리서 왔거나 아주 가까이서 왔거나
절반으로 나눈 이야기의 중심이 되었고

아이의 물품이 하나둘 늘어나던 여동생의 집에 배꼽
을 닮았는지, 나비를 닮았는지 모빌은 여전히 잘 돌고
있을까

드라마를 보는 저녁

조금씩 지겨워지기 시작한 창문 너머
몇 번의 파랑이 지나갔을까
한 삼십 년이 지나자 언성 높여 싸우지 않아도
왜 각자의 방으로 파고드는지
지붕보다 높이 자란 감나무도 다 알게 되었다
길 건너
빨랫감처럼 후줄근한 재개발 지역 현수막과 함께 철
거가 시작되고
뗬다방과 부동산중개소가 인근의 학군을 내세워
젊은 여자들을 불러 모았다
삐걱대는 무릎을 지나 허리까지 올라온 소식들로
꽤 여러 날 포개지는 모녀의 뒷모습
주인을 닮은 구부정한 처마 아래
세상의 이야기들이 아슬아슬하게 끊겼다 이어지기
를 반복 중인
졸음이 담긴 고양이 눈동자가 있는 저녁

긴 골목 끝 휘어진 담장이 있는 집 아직도 무화과나

무 그대로다
　　인기척 드문 대문 옆 모란이 피어
　　그나마 환한,

　　누군가는 이런 장면을 창문으로 달았을 것이다

일요일에도, 일요일인

멀쩡한데도 새로 샀다
일요일처럼 자주 신게 될 거로 생각했는데 그날 이후
산엘 가지 못했다

여자고등학교가 마주 보이던 커피집 밖에서
흩날리던 벚꽃잎
그녀의 입술에까지 닿은
이미 설레는 붉은 심장을 가만히 꺼내 놓았다

집에 돌아와 등산화가 담긴 상자를 찾기 시작했다

물 한 병을 가져간다 했고
찐 고구마나 팥빵이 대신한다고도
새로 산 등산화처럼 말했지만
끝내 어두운 동굴에 갇힌 허기진 휘파람 소리

이제는 지옥이나 천국에서조차
어설픈 비밀 따위를, 다시는 만들지 않겠다고

지금쯤은 연옥의 문 앞에서 서성이는 중일까

그녀, 동굴 밖에서 치러지는 장례식에 새로 산 등산
화를 영영 신지 못할 것이다
바위를 오른 적도 없이 상자째로 버려진 기도가 일요
일을 지나쳐 갔으므로

작달비

꽃단장이라야
정성 들여 머리 빗어 넘기고
거울 앞에서 매무새 고치는 일이지만
수술도 안 된다는 무릎관절로
복지관 간다나
아무리 곧추세우고 그러쥐어도
살아온 세월만큼 기우뚱해지는 무게 중심,
받쳐 든 검은 우산 아래까지 젖어들고

지난주 배운 동작은 고양이 밥그릇에 두고 나왔나 몰
라 창문 너머로 들여다보던 능소화 낭창낭창한 허리로
웃음꽃 터트린다

물색없이 피고 지던 시절을 기억이나 할까

한 송이, 한 송이

언젠가 잊힐 생의 장면이 펼쳐지는

노인요가교실

틀니를 악물고서라도 바른 동작을 따라 하려 안간힘
을 쓰는
칠순 하고도 여든을 훌쩍 넘긴 여자들
등 뒤로
생은 반짝하고 빛나는 순간을 기다리나 몰라
작달비 한 차례 신나게 지나가시는 중

슬픔의 알고리즘

여러 날 집을 비운 적 있다
하루에 한 번은 짧은 햇살이 작은 창에 머물고
바람이 몇 차례 드나들기도 했을 테지만
자른 무를 담아 두었던 주방 창문턱 유리그릇 물은
바싹 말랐고
보라색 무꽃을 피워낸 꽃대의 목은 꺾여 있었다
인기척 없는 집에서 어쩌면 스스로 사물이 되기로 하
였는진 모르나
한동안은 혼자서라도
오롯이 살아내려고 했을 것이다
생명이라는 그 가녀린 목숨을 붙들고

오래 아팠던,
가족과 떨어져 지내던 남동생이
하늘로 갔다는 지인이 전한 부음
남은 가족들이 '있고, 없고'를 어떻게 받아들일까 하
는 걱정과 함께
떨어져 살지만 건강한

나의 남동생이 오버랩되면서
수척해진 낯빛의 그녀를 미안하게 껴안는다
술잔들이 비워지고
식사를 끝내는 사이에도
어깨며 등 전체가 흐느끼는 장례식장

그러니
내 입술은 함부로 지껄이지 않기로 한다

표면장력

꼬리뼈가 다 닳아 버린 지난밤의 태풍
새벽에 서너 차례 더
창문을 흔들고 갔다

알개실마을 남이 할머니 젖은 손에 딸려 온
자두 몇 알, 복숭아 몇 개
트럭에 실려 온 사과 궤짝 옆에 쪼그려 앉아
끝물이 더 달다는 말은 입안에서만 풍기고
움푹 팬 눈에다 한나절을 들앉힌 채
지문이 사라진 앙상한 두 손은 오일장에 담겨 있네

장날이면 어김없이 문을 여는 천일식당
국밥 냄새는 온 장바닥을 적시며 파장 직전까지 가마
솥에서 졸아드는데
기름진 국밥 배달되는지 물어볼까
돌아오는 장날
챙 넓은 모자 같은 거 한사코 손사래 칠 터
살그머니 내려놓고 모른 척 돌아설까

어느 구석에선가

한바탕 고함과 욕설이 씩씩거리다 슬그머니 사라진다

올려다본 허공에 미처 남은 물기를 훔치지 못한 바람이

구름의 정수리에서 쏟아지기 직전의 눈물처럼 바싹 매
달려

늙은 생의 얼굴을 애써 쓰다듬네

길 건너 천막 제작소 옆

눈시울 더욱 붉어지는 배롱나무 한 그루

당신이라니요

호수공원 김 씨

호수공원 산책로 옆
모자를 쓴 채 물을 마시거나 땀을 닦는
오전 10시 무렵
작업복을 입은 김 씨와 세 명의 남자들은
꽃모종이 담긴 상자를 나르는 잡다한 하루가 이어질
것이고
열댓 명의 여자들은 쪼그리고 앉아
호수공원 꽃 심기 작업이 오늘의 일당이 된다

지난달부터 실업급여도 끝난 김 씨
생의 내력을 줄여 쓴 이력서를 내밀어도
블랙리스트처럼 작성된 나이로는
설명할 길 없는 서글픈 후렴구가 달리곤 했다

꽃모종 상자를 나르고 나르는 김 씨
아는 사람도 없을 테고 먼저 아는 체도 않겠지만
땀범벅으로 벌게진 얼굴
모자를 깊숙이 고쳐 쓰느라 자꾸

머리께로 가는 손 유난히 하얗다
삶의 하반신이 산으로 가는지 바다로 가는지
아이들은 미끄럼틀에서 내려오는 속도로 자라
김 씨의 아들이 결혼할 여자를 데리고 온다는
토요일,
어제 오갔던 말들의 열이 식지 않았는데
다시 작업반장의 지시가 내려진다

3부
꽃은 허공을 어떻게 건너왔을까

유등축제*

저녁답 노을이 가라앉거든
데운 가슴 하나만 챙겨 오거라**

암암쟁쟁하게 밝히는
저 말씀의 언저리
내년에도 내내년에도
저 유등으로 피어나시라

* 매년 10월 진주에서 열리는 축제.
** 박노정 시인의 글에서 따옴.

흑산성당

심한 뱃멀미를 데리고 흑산도에 닿았다
비틀거리는 오후와 함께

얼치기 내 기도가 전해질까마는
외진 곳의 뾰족지붕 어김없이 다정하였다
노동의 대가로 딸려 온 투박한 힘줄의 비린내도
미사포를 단정히 얹은 매무새도
이 빠진 할아버지도 그 옆의 할머니도
모두 성호를 긋고 화음을 엮어내 성가를 부르자
눈동자 큰 물고기들도 성당 안으로 몰려갔다

줄지어 나란히

어디서나 기도는 할 수 있겠지만
퇴화한 눈꺼풀을 가진 눈은 더욱 동그래지고
연신 끔뻑이는 입술 사이로 쏟아내는
장르가 다른 기도들이 일제히 솟구쳐 오르거나 튀어
올랐다

같은 곳을 향하여

내가 하는 기도
그들이 하는 기도가 비록 다를지라도
도달하지 못한 건너의 저편
얼마나 더 속죄해야 할까
푸르다 못해 검은 그 시간을 이겨낸 세월이 읽히고
또 읽혔다

나만의 믿음은 오로지 나의 문제이지만
나는
오래 눈을 뜨지 못하고
1958년* 이전의 그 세상을 빠져나온다

* 흑산성당 건립 연도.

장복산 한철

오늘 또 몇몇 사물의 이름을 지우고
대신에 곤충도감 속의 몇 종種을 기억해 낸다

높은산세줄나비의 안부를 건네지 않는 사람

주머니에 편백 씨앗을 넣고
그 씨앗이 온전하게 자랄 수 있는
발목을 위해 애써 두리번거리는 중일까

누구를 불러내기도 어정쩡한
월요일 오전 9시의 전화번호처럼

나무와 나무 사이의 햇빛은
서너 걸음 뒤에서
서로가 서로를 지우는 걸 느닷없이 말리는 중이지만
결국에는 불태우고 말 시집도 있지
통속적이거나 지극히 객관적인 독자를 위하여

그 외 몇 종種에 해당하는 것은 어떻게 할까

벚꽃이 피었다

1
몇 개의 작은 섬이 있는 도시에
4월이 왔다

입춘과 우수 경칩을 지나온 눈들은
이미 분홍이다

장복산을 거쳐
여좌천을 온통 뒤덮은
빨강과 하양 사이의 일이다

경화역에서 만나자던
그대와 나를 건너온 바람마저도
분홍, 분홍으로
인화되고
슬그머니 들앉는 그대의 배경도
분홍일까

2
장복산을 배경으로 두고
옆구리에다 바다를 끼고 열한 달을 살았다
간혹 해무와 함께 비가 다녀갔다
보름 정도는 햇볕을 데려와 놀기 좋았고
남은 보름을 펼쳐 엽서를 쓰기에 좋았다

3
그녀, 첫사랑에 대하여 결코
수다스럽지 않았다

하나둘 켜지는 가등街燈 아래의 봄비가
좁은 골목을 빠져나온
분홍 발자국을
벚나무로 옮겨 놓은 여러 날이
있었다고만 한다

꽃은 허공을 어떻게 건너왔을까

벚나무 시편

혼자
듣는 빗소리

마진터널을 넘어온 겨울을 지나쳐
중원로터리를 낀
근화동 이층집 그 근처

사방연속형 무늬를 만들어 내는
우산 위로 떨어지는 꽃잎들
긴 머리카락을 잠깐 쓸어 올리기도 했다
발갛게 변한 귓불에 잠시 빗소리 거칠어지고
이곳에서 처음 약속을 했던 사람
떨리는 손끝을 잡은 허공이
오래 부풀어 올랐다

자꾸 길어지는 빗소리
돌아갈 수 없는 그 계절을 한사코 불러내는데
저 꽃들 다 지고 나면

내 심장은 어디쯤 있을까

갯벌의 기록

해당화 그늘의 고양이는
발자국을 버리고 간 주인의 속눈썹을
담벼락에 그릴 수 있다는 표정이다
손수건처럼 꺼낸 고양이의 하품을 지나쳐 왔지만
나는 미처 발자국을 남기지 못한 사람
파도에 사라진 목소리와
물고기들이 물고 달아난 발뒤꿈치 탓일까
잔물결이 희미한 흔적마저 지웠다고 말하기는 너무,
지겨운 일이므로
썰물이면 구멍 난 영혼이라도 굴려 숨어들기 좋은 곳
이라 하자
밀물이 밀려오기 전부터 숨을 지운 내 발자국은
버림받을 기회마저 없을 때가 더 많지만
고양이는 긴 수염을 흔들어 저녁을 끌어들이지
나날이 새겨지고 지워지는 내 발뒤꿈치를 위하여
먼 파도가 가까운 파도를 불러오고
갯벌은 무덤덤하게 사라졌다 나타나곤 해

진달래를 보는 방식

화왕산 진달래

기음강 건넌 홍의장군이 피워낸 붉은 저 함성

삽시간에 화왕산성 휘감아 돌고

자하곡을 타고 올라오는 여린 그대의 숨소리마저 뜨
겁다

성벽에 기대어 풋잠 든 어린 의병의 이마에

어미의 근심은 햇볕으로 머물고

꿈속에서나마 한 상 가득

저 수북, 수북한

고봉밥

천주산 진달래

삼월에 진눈깨비가 잠깐 다녀가기도 하고

꽁지 짧은 새소리가 엇박자로 흩어지는

어제와 오늘 사이

가만히 일렁이는 분홍 기슭이 생겼다

용지봉*이 가만히 손 내미는 사이

무학산, 정병산은 한 발 건너에 있고

꽃물결, 물결에 실려

이 봄날을 건너는 그대

* 천주산 정상으로 용이 살았다는 전설이 있다.

85

매화산

정구鄭逑의 『가야산기행문』에는
산의 훌륭한 경치는 인자仁者로 하여금
산의 오묘한 생성의 이치를 보고 자성自省하게 하는 것이며,
'높은 곳에 오르는 뜻은 마음 넓히기를 힘씀이지
안계眼界 넓히기를 위함이 아니다.'라고 적고 있다.

아직도 그대는 걷고 있느냐고 물어온다
성소는 아니어도 적소 하나쯤은 가지고 싶다고,
천둥과 번개 속에서도 뿌리내린 바위들, 꽃과 새와 바
람이 묻는다

아무도 모르는 곳?

여전히 내 안에서 달뜨는 바위도감 펼치면
가야산 맞은편 일천 부처님의 상, 마음 모아 합장하고
매화꽃 피워낸 기암괴석들 사이로 가파른 생의 기척
을 내는
멀고도 가까운 그대

바위의 근력으로 백만 년 후에도 당당할 것이며
재넘이 뒤채인 끝에 날아든 철쭉의 연분홍 마음자리

오래도록 설렐

아직도 다 모르는 그곳

봄, 지리산
—히어리

아름다운 총상이라니

꽁꽁
언 물소리 떠나보낸
칠선계곡에서 들리던
새소리
울음일까 노래일까
갸웃한 사이
봄날 잎도 없이
황록색 총상꽃차례의 저격으로
터져 나오는 저 봄의 노래*들

* '봄의 노래'는 히어리의 꽃말.

여름, 지리산

청학동에서 삼신봉, 상불재를 거쳐 불일폭포에 이르
고자 걷고 걸었던 날 연일 비가 내리다 멈춘 안개 자욱
한 산속에 적막한 나리꽃 세상이 켜 둔 온갖 등불보다
저 홀로도 환하다 그 풍경을 등지고 내려오는 내게 귓속
말로 자꾸 무어라 하는데 뚫리지 않은 귀를 가진 나는
그 말을 다 받아 적지 못하고 푸른 스무 살의 첫 야간산
행을 간신히 기억해 낼 뿐,

여전히 흩어지는 몇 개의 문장들

건들거리며 뒤따르는 바람은 언제까지 비웃을까

내가 걸어 올랐던 깊고 고요한 길이 분명히 있는데

그런 날, 그런 밤들이

아직도

나를 잡아당긴다

사백 년 후

그 어른 만나 뵙겠다고
다람재 넘어왔는데
강물을 끌어안고 뒤채는 저 몸통 좀 보소
이르게 도착하거나 늦게 다다르면
낭패를 보기 딱 좋은 곳
정보와 정보를 짜깁기한 티가 났던 거지요
이쯤이면 안과 밖을 구분하지 않고도
강물의 흐름 정도는 한눈에 알아차려야 하거늘
늘어진 허리춤만 종일 붙잡느라
앞 강물 소리 미처 듣지 못하였거든요

동쪽에서 왔다는 가르침 따라 살아온 저,
늙은 가지들이 내뱉는 진언 사이로
해설사는 사람들 모아 놓고 즐겨 행단을 입에 올려도
세상의 햇빛과 달빛 그러모으고 강물 소리 다 받아
적고 오라는
위대한 예측불허의 시간 앞에
굳이 시기를 가려야 하거나 때를 기다릴 필요가 없음

을 알게 되었습니다
　　사백 년 후에도
　　아랑곳없이 여전할 그 어른
　　도동서원 은행나무
　　태양을 베어 물고 있을 때 또 오라 합니다

늦게 도착한 시詩

바다가 보이는 곳이 아니어도 창문 넓은 커피점은 간판의 모양새만큼이나 저마다의 이름을 내걸고 매달려 있었네 이층 계단은 좁지도 삐걱대지도 않았지 중세시대 기사풍의 DJ박스 대신 대형 멀티비전에는 할리우드 인생을 화면 가득 담아 두었더군 창밖에는 바람도 없이 흩어지는 새 떼가 분수처럼 튀어 오르고 유난히 속눈썹이 긴 그녀 온몸을 흔들어 꽃을 피워내기 시작하였지 순간 무거운 침묵이 그리웠지만 새롭게 변해야 할 웃음소리마저도 빠트려선 안 되는 코드로 설정하기로 하자 먼지 가득 뒤집어쓴 채 푸석푸석 걸어 나오는, 저 익숙한 그림자 스윽 닦아 보면 묻어나는 오래 동거한 너 어디 갔었었니?

푸른 내 감각들아

4부
서쪽에 있었다

카트만두에서 다시, 나는

그냥 왔어

떠나오면서까지도 전하지 못한 나를, 꼭꼭
부다나트를 에워싼 진한 향내 속에 숨기고
주황색 승복과 어울릴 초록색 셔츠 차림으로 슬그머니
내밀 사진이라도 찍을까
짧은 문장이 들어갈 엽서라도 살까

머리통을 과녁으로 생각했을 오후 두 시의 햇살 아래
나부끼지 않는 무표정한 타르초*라니
내가 읽어내지 못한 저 경구들이 당신에게도
무슨 소용이 있단 말인가
스투파**를 돌고 돌아도 따라다니던 네 개의
눈길 피해 한 마리 새로
마냥
날아오르고 싶었어

자꾸 어디 있느냐고 내게 물어오면 우리는 흡사 이 세

상에 없는 나라의 유물 같다고 하면 당신은 어떤 표정일
까 아직도 먼 그곳에는 눈이 쌓여 있다는데 한동안 서
서 당신을 꺼내 보는 내내 어느 한 단락도 선명하지 않
아 흐릿한 화법을 구사하는 이곳에서는 양자택일이 필
요해

계속하여 구름의 전언만 무성하게 남겨 놓을지
죽을힘을 다해 당신을 더 멀리에 둘 것인가로

* 경전을 새긴 오색 깃발.
** 불탑으로 일종의 사리탑.

안나푸르나를 그리는 눈썹 두 줄

어떤 세계로 가기 위해
고개 숙여 발톱을 깎았지

땀방울의 최종 목적지는 어떤 곳일까
그 짧은 순간에 공중돌기 기술을 펼친 것일까
비를 머금은 바람이 오전에 잠깐 다녀갔을 뿐인데
마법에 걸린 듯 순식간에 몸을,
바꾼다

챙 넓은 모자를 벗지 않고 판초를 덧입기란 결코
쉬운 일이 아니야
왜 모든 것들은 한 발자국씩 늦게야
도착하는지
희박해진 공기에 둘러싸여
계곡 속으로 깊이 빨려 들어가는
기분이란 참으로 독특해
보이지 않는 곳에서 누군가가 끊임없이 손짓하더라니
이름 모를 새 한 마리도 그곳을 향해 날아갔을까

오랜만에 신발 끈을 풀자
다섯 번이고 열 번이고 안도의 표정을
짓는 말랑말랑해진 발톱들,
대신에
저녁을 빠져나간 뒤 돌아오지 않던 금잔화 주홍 꽃잎들

아직도
첩첩이거나
겹겹으로
몰아 보여 주는
저 공공연한 환

나마스테
―사탕

나는 걷는 사람이다
붉은 노래를 들으며
흐드러진 랄리구라스*는
동네 어귀의 돌계단까지 나와 서 있고

레섬삐리리**를 이어 가는 아이들은
마을을 지나칠 때마다 자꾸 늘어났다
자를 수 없는 꼬리의 꼬리를 물고

여기저기서 쥐여 준 사탕은
나비가 되어 또 따라나서고
되돌아 내려가라는 말은 입속에서 동동이다
발목으로 떠다니고

지금은 건기가 시작되는 때
모퉁이가 닳은 오후가 꽃잎을 데려가도
여전히 나는 걷는 사람
마른 어깨를 늦은 저녁에게 다독이며

꽃의 안쪽 같은 일곱 살 우즐리가 불러 주던 노래
한 음절, 한 음절씩에 내 발자국 얹어 두기로 한다

* 네팔의 국화.
** 네팔 전통 민요.

아직도 자라는 꼬리
—마차푸차레*

아무리 젓가락질해도 여전히
비린내를 풍기며 시치미를 떼고 있다
처음부터 그가 제안하는 몇 가지 징후들은
지극히 사실적이다
결코 늙는 법이 없는 지도에선 아직도 꼬리는 자라고
당신이 없는 어제와 오늘은
예보가 필요치 않는 만년설로 압축되고 있다고

누군가의 입으로 발설된 비밀은 기꺼이 오늘이 되기로
한다

그림자를 침범하지 않는 각도로 지던 해가 다녀간 뒤
두꺼운 눈바람 뒤편으로 물고기 한 마리를 새겨 넣었다
검은 칠이 벗겨진 아가미는 영원히 숨겨 둔 채
꼬리에다 신화 한 소절을 내걸고

올려다보는 사람들이 생겨난 건 내 탓이 아니다
지도에도 없는 길이 되어 네팔리**가 되어 온전하게 신

들의 말을 전할 뿐

그랬다

오래전 할아버지와 아버지
그 아버지의 아들들은
아직도
기도로 아침을 맞고 기도로 끝내는 저녁에
비스듬히 등을 기댄다

* 네팔에 위치한 안나푸르나 남쪽으로 갈라져 나온 산맥 끝에 있
는 두 개의 봉우리로 '물고기의 꼬리'란 뜻이 있으며 네팔 사람들이
신성시하여 히말라야에서 유일하게 등반이 금지된 산.
** 네팔 사람을 말함.

내가 없는 당신
—나마스테

문이 허술한 산장에 들었어요

밤이 되자 조*가 소금과 함께 지고 온 바람이 창문을
흔들어댔고요

머얼리 산 아래 마을에도 별과 달은 빛났어요

레섬삐리리를 불러 주던 아이들 목소리에 만년설의
무게가 실려 있었고요

눈인사를 건네던 깊은 눈매는 여기서는 더욱 고요해
져요

내가 나를 떠밀어 산을 넘고 넘어 도착한 곳이어서일
까요

해 떨어지는 이곳까지 찾아든 통증으로 욱신거리는
풍경을 탓하고 싶진 않아요

신이 끊어 놓은 길의 길 끝까지 그냥 가 보려고 해요

비 오듯 흐르는 땀방울과 함께 사흘을 내리 걷고 나니 마차푸차레가 이마에 걸렸어요

아무도 모르게 깊숙이 뿌리내릴 비밀 하나쯤은 만들까 봐요

신이 만들어 놓은 꼬리를 잡고 사는 사람들의 기도가 궁금해졌거든요

달빛에 스윽, 당겨져 오는 저 설산이 그러라고 하네요

지금 내가 없는 당신은 어떤가요

* dzo. 야크와 소의 교배종으로 '좁크'라고도 하며 고산지대의 운송수단이 된다.

사흘이 지나도 나의 셰르파*

어떤 사이의 사이쯤 될까

문제는 이미 다 아는 척
고개 끄덕이는 돌담 옆 저 꽃이다

먼지로 뒤엉킨 땀방울은 개밥바라기로 빛나고
담장 위 검은 고양이
꼬리에 달을 달고 담을 넘는데

어설픈 연민 따위가 감히 끼어들 수 없는
단단한 어깨와 발뒤꿈치는
내보이기 싫은 상처를 떠메고 가는 한 걸음, 한 걸음
이 아니었을까

빗물 괸 지붕 아래 낡은 의자이거나
칠이 벗겨진 늙은 창틀을 가졌거나
더는 번져 갈 수 없는 가난이거나

어린 그가, 나보다 먼저 늙어 가는 무릎으로도
항상 나의 왼쪽에 있었다

*네팔 동부에 살고 있는 티베트의 한 산악 부족으로 히말라야 등
반에서 짐을 나르며 길을 안내하는 사람들.

안나푸르나 ABC*

종소리 들리지 않고 새들도 날아오르지 않는데
만국기가 죽음들을 경배하고
폭설에 폭설이 그들을 뒤덮고 있었다
젖은 신발을 끌고 온 나는
애써 빛나는 시절을 생각해 보려 했다
만년설로 둘러싸인 그들의

개밥바라기로 빛나든
황금빛 배경이 되었든
어디에서도 풍찬노숙의 시간이 아닐까마는
지구를 움직이는 건 사람이 아니라며
별빛을 길잡이로 내세우지 않았을까

능선과 능선
계곡과 계곡 사이
슬픔이 무거운 발자국들
길을 지우던 눈바람 속을
멈추지 않고 하염없이 나아간 발자국 옆

지극히 조심스러운 골짜기도 내려와 머문 몇 날 며칠
누가 등 떠밀어 여기까지 오진 않았을 텐데
더운 목숨 그 실체들이
차곡차곡 들어섰다

주검과 슬픔이 유령처럼

* 네팔 북쪽 길게 누운 히말라야 산맥에 속하는 안나푸르나 베이
스캠프(4,130m)를 말한다. 세계 여러 나라 산악인들의 무덤이 모여 있
기도 하다.

시시각각, 히말라야

두 발은 내게서 멀어지기로 작정한 모양이다

나는 잠시 생각했다
그동안 착한 나의 발이었던 시절과 더는,
안전한 곳만 골라 다닐 수 없는 순간들에 대해

꽃은 꽃밭에 있는데
사람들은 항상 활짝 핀 뒤에야 발견하곤 하지

이름 불린 꽃은 틀림없이
위험에 빠질 것이다
어쩔 수 없이
나의 두 발이었던 너의 이름을 지우는 일
천 길 낭떠러지를 건너 아지랑이 속 어떤 꽃가루처럼
느닷없이 여름이 가고 가을이 오지 않아도
발아래 핀 꽃은 허공에서도 활짝, 활짝
길을 가득 메울 것이다

싱잉볼*

적막의 꽃받침인 양 먹구름 들쳐 멘 산등성이 아래의
마을
건기의 낮과 밤을 지나 도착한다
어떤 밤은 너무 검고 깊어
그런 뒤의 새벽은 지나치게 명징해 너의 억양에도
한 치의 오류가 없지
더는 잃을 게 없다고
모든 걸 내려놓았다고
민낯으로 건너왔으나
허둥대는 빗소리 들으며
지붕이 낮은 남의 처마에서 곰곰,
물기 머금은 발끝에서 왁자하던 곁이 비워지고
지금 막 돋아난 꽃잎들의 손금이 허공에까지 새겨지
는데

내 생애의 진동은 어디까지 닿을 수 있을까

* Singing bowl. 티벳 전통 악기로 특별한 진동을 가지고 있어 주로
명상용으로 사용된다.

경전이 익다
—투루판

화염산을 오른다는 일
파초선을 빌려 올랐던 삼장법사와 손오공도
서역은
그때도 서역, 지금도 서역
태양이 정수리에서 머무는 여름날이라니
기세등등한 태양과 들끓는 피돌기 사이
어쩌자고 귀머거리에 눈먼 채로 내디딘 발을 가졌을까
　가장 큰 온도계가 가리키는 극도의 온도에도 물러나지
않으려 헛디디는 발이었어도
　출가자도 재가자도 아닌 내가 오롯이 새기고 또 새겨 갈
경전은
　건조함과 무표정 사이에서도 달아오르는 일일 것이다
　한껏과 후끈 사이에서
　시시각각으로 경계를 세우는

고창고성에서 듣는 설법
—투루판

100년 역사 속 인왕반야경仁王般若經을
한 달이나 펼친 설법으로도 지켜내지 못한 나라가 있다
인도로 가기 전 들렀다는 현장법사가 고창국에 있었다
고
그 이야기를 전해 듣는데 너는 여기가 좋다고 한다
짧은 그 순간에 너를 이해하려 비지땀을 쏟지만
설법이 두루 전달되도록 복원된 원형 천장 구조물 앞에
서 씁쓸한 감정만 복기되는 이를테면 사라진 왕조가 남긴
저 푸석, 푸석한 흙무더기들과 허물어진 성터의 끄트머
리에 간신히 매달린 숨결들
'지세가 높고 평탄해서 사람이 번성하는 곳'
'1,400여 년간 투루판의 중심이었던 곳'
이 놀라운 안내서는 이제
흙벽돌과 흙벽돌 사이에서 재빠르게 낡고 삭아 가네
멀리서 또 한 무리의 여행객은 전동차를 타고 몰려들어
어떤 것은 사라지고 어떤 것은 씁쓸하게 남아 있음을
마주 본다는 거
천산북로의 시작점이 되는 이곳에서

누가 툭 치고 지나가면 무너지고 사라질 나의 이야기
들은

그 어떤 설법을 펼쳐야 할까

애써, 타클라마칸

다 알려고 하지는 않겠다

걷는 내내 익숙한 자세로 견뎌내는 모래바람

나의 어느 외곽은 오래전

이미 저 바람을 따라갔겠다 싶은 까닭이다

성긴 문장으로는 어림없는,

모든 욕망을 내려놓게 하는 수수방관의 저 자세

누군가는 굳이 설명하려 들어도 그런 것과는 상관없는 일

전날 저녁에 머리를 감고 잤다

가닥가닥 많은 생각을 키우고

결마다 참 많은 길을 품고 있다고

어떤 자존심의 유전자가 고개를 빳빳이 세웠는지 모
를 일이다

나열해 둔 문장들이 언제 완성될지도

한 발짝 내디딘 발자국 아래가 다 허방이어도

모퉁이도 없고 내일의 날씨를 염려하지 않아도 되는
이곳에서

들어가면 나올 수 없다*고 해도

* 위구르어로 '타클라마칸'을 뜻함.

명사산

아마 동쪽에서 왔을 것이다
저 울음은

무릎을 꺾어 가면서까지 온전하게
제 등을 내어주는 늙은 낙타의 순종은
걷고 걸어도 사막

꿈속에서도 사막
자고 나도 사막일 것이다

일찍이 깃들지 못한 나무들은 다 어디로 갔을까
현기증 나는 증발이 사방에 펼쳐져 있고
아직 도착되지 않은 내일이
성긴 가루가 되어 발가락 사이를 더 넓게 벌려 놓았다
움푹 팬 기억을 더욱 구부려 울음을 새겨 넣는 일은
바람이 시키는 일일까

거친 숨소리와 방울 소리 낙타의 느린 발자국마저

바람이 세우고 허무는 어제와 오늘

별 하나
귀를 세울 때마다 나는,
서쪽에 있었다

숭고와의 마주침을 위한 보행의 시

이성혁(문학평론가)

1.

정이경의 이 시집은 한국 정신주의 시의 한 성과라고 평할 만하다. 정신주의 시의 미학은 숭고함이다. 정신주의 시는 우리가 가늠할 수 없는 무한성으로 우리를 이끌어 올린다. 정신주의 시에서 서정적 주체는 숭고한 광경을 발견하고는 정신의 상승을 경험하는 장면을 연출한다. 이 숭고의 발견을 통해 서정적 주체의 정신은 일상의 장과는 다른 층위의 장으로 상승한다. 그럼으로써 그의 삶은 변화한다. 숭고를 발견하고 표현하는 시 쓰기는 나를 만들어 나가는 작업인 것이다. 하여 시인으로서의 삶이란, 이 시집의 「시인의 말」에 따르면 "내가 만든 나와 함께" 가는 삶이다. 정이경 시인은 이를 위하여 "아직 작동되지 않은 것들"을 향해 "오지를 오가는" 길을 걸을 것이라고 말한다. 정신을 작동시키고 상승시키는 숭고는 닳고 닳은 도시 일상이 아니라 "아직 작동되지 않은" 미지의 무엇으로부터 발견될 수 있다.

그래서 정이경 시인은 도시를 떠나 국외의 황야나

산으로 "쉽지 않은" '발걸음'을 옮긴다. 이 시집의 태반이 아프리카나 중앙아시아의 '오지'에서 얻은 경험을 바탕으로 한 시편들인바, 이 시편들을 시의 형식을 빌린 여행기로 치부할 수는 없다. 시인의 '오지'로의 '발걸음'은, 휴식이나 관광을 위한 쾌적한 여행이 아니기 때문이다. 그것은 나를 만들어 가기 위해 시인의 삶을 사는 일 자체인 것이다. 정이경 시인은 '삶은 다른 곳에 있다'는 랭보의 금언을 따른다. 그렇다고 시인이 일상을 무시하는 것은 아니다. 그에게 일상은 자신의 삶이 처한 현재를 인식케 하고 다른 삶에로의 욕망을 느끼게 만드는 곳이다(일상과 숭고 사이의 긴장이 없다면 세속의 서정시는 써지지 않는다). 가령 "외근 나왔다 애매한 시간"에 "결국 혼자" '면발'을 넘기면서 "끝까지 따라온 제 그림자와 마주"(「동어반복」)하는 공간이 일상의 장이다. 이 일상에서 비상하고자 하는 욕망이 일어나고, 그리하여 시인의 첫 노래는 다음과 같이 탄생한다.

까치발도 모자라
카렌족 여인처럼 목을 길게 빼고 있다

때가 되면 온몸으로 노래 부르겠다고

시베리아 횡단열차는
침엽수림의 사열을 받고 더욱 의기양양했다지

먼 곳의 이야기는
방향을 알 수 없는 거센 눈보라를 날리고
폭설에 폭설을 더한 계절 내내
수없이 다녀간 왼쪽과 오른쪽이 있었지만
각자의 방식으로 견뎌 내야 했다

자주자주자주……

손가락 두어 마디 같은 비가 내리자 간지럼을 타던
옆구리가 생겨났다

자목련 한 그루가 마구 쏟아 내는 빨강과 보라 사이
의 눈물이
가지와 가지 위에다 기어코 새 떼를 올려놓았다

어떤 계절의 첫마디가 되는,
노래가 탄생하는 순간이다
— 「기어코」 전문

122

"카렌족 여인처럼 목을 길게 빼고 있"는 모습은 "먼 곳"을 동경하는 시인의 모습이기도 하다. 시인은 "때가 되면 온몸으로 노래 부르겠다"는 욕망을 품는다. 그러나 그는 이러한 욕망을 실현하지 못하고 그림자만 길게 늘어뜨리는 겨울의 나날을 보내고 있다. "침엽수림의 사열을 받"으면서 "의기양양"하게 겨울을 가르며 질주하는 시베리아 횡단열차, 그 "먼 곳의 이야기는" 시인의 삶에 "방향을 알 수 없는 거센 눈보라"로 불어올 뿐이다. 일상의 삶과 "먼 곳의 이야기"는 그 폭설에 가로막혀 만나지 못하고 "각자의 방식으로 견뎌 내야"만 했다. 하지만 봄이 오고, 폭설로 불어왔던 이야기가 비로 변하면서, "간지럼을 타던 옆구리가 생겨"나기 시작한다. 비상하기 위한 날개가 조금씩 돋기 시작한 것이다. 그 빗물은 자목련의 "빨강과 보라" 꽃잎 사이에서 눈물로 변신한다.

　빗물은 겨우내 불어왔던 눈보라—"먼 곳의 이야기"—가 녹은 것, 하여 눈물이란 바로 시인이 동경했던 "먼 곳"의 이야기가 봄의 개화를 통해 현현한 것이라고 할 수 있겠다(그것은 그가 겨우내 품어 왔던 동경의 결실이기도 하다). 그리고 이 눈물은 "가지 위에다 기어코" 올려놓은 '새 떼'로 다시 환유되는데, 이 '새 떼'란 옆구리에 돋아난 날개의 현실화를 의미한다.

그래서 "가지 위"의 저 눈물은, "먼 곳"에 대한 동경이 꽃잎 사이에서 자리를 잡았음을 상징한다. 저 멀리 비상할 수 있는 동경, 숭고로 비약할 수 있는 정신이 "기어코" 시인의 삶에 자리를 잡은 것이다. 그리하여 그의 삶에 노래―'새 떼'의 지저귐―가 탄생하면서 "어떤 계절"이 열리기 시작한다. 다른 삶, 시의 삶이 시작되는 것이다. 그 동경으로 이끌어지는 시의 삶이란 "멀리에 있는, 다른 종種으로 분류되"는 삶이다. 그 삶은 "세렝게티의 초원지대와 거대한 분화구를 불러오고/물고기자리 별까지도 데려"(「동명이인」)오면서 이루어진다. 이렇게 도시 일상의 삶에 "마추픽추에서 만난 라마나 알파카", "만년설 봉우리", "세렝게티의 초원지대"(같은 시)와 같은 다른 세계를 불러오는 일이 정이경 시인의 시 쓰기다.

2.

다른 종으로 살기 위해서는 다른 삶과 세계를 동경하고 꿈꾸어야 한다. 그 동경은 잃어버린 시간을 찾으면서 시작된다. 삶의 시간은 "내 발뒤꿈치"가 갯벌에 "나날이 새겨지고 지워지는" 것처럼, 또는 "무덤덤하게 사라졌다 나타나곤"(「갯벌의 기록」) 하는 갯벌처럼, 현재화되었다가 지워지는 것의 반복으로 이루

124

어진다. 어떤 소중한 기억, 사랑의 기억마저도 나타났다가 사라지는 것, 그래서 그 기억을 붙잡으려고 하면, "떨리는 손끝을 잡은 허공이/오래 부풀어 오"(「벚나무 시편」)를 뿐이다. 그렇게 소중했던 시간들은 벚꽃처럼 지고 "내 심장" 역시 어디로 사라지고 있지만, "자꾸 길어지는 빗소리"는 "돌아갈 수 없는 그 계절을 한사코 불러"(같은 시)내기에 시인은 그 기억으로부터 벗어날 수 없다. 현재를 살아가고 있는 시인을 잡아당기는 잊을 수 없는 기억들이 있는 것이다. 아래의 시가 보여 주듯이.

청학동에서 삼신봉, 상불재를 거쳐 불일폭포에 이르고자 걷고 걸었던 날 연일 비가 내리다 멈춘 안개 자욱한 산속에 적막한 나리꽃 세상이 켜 둔 온갖 등불보다 저 홀로도 환하다 그 풍경을 등지고 내려오는 내게 귓속말로 자꾸 무어라 하는데 뚫리지 않은 귀를 가진 나는 그 말을 다 받아 적지 못하고 푸른 스무 살의 첫 야간산행을 간신히 기억해 낼 뿐,

여전히 흩어지는 몇 개의 문장들

건들거리며 뒤따르는 바람은 언제까지 비웃을까

내가 걸어 올랐던 깊고 고요한 길이 분명히 있는데

그런 날, 그런 밤들이

아직도

나를 잡아당긴다

—「여름, 지리산」 전문

지리산 '청학동'에서 '불일폭포'까지 "안개 자욱한"
산길을 "걷고 걸"으면서, 시인은 "자꾸 무어라 하는"
귓속말을 듣는다. "뚫리지 않은 귀를 가"졌기에 "그
말을 다 받아 적지"는 못하지만, 그는 "여전히 흩어지
는 몇 개의 문장들"이 "푸른 스무 살의 첫 야간산행"
의 기억과 맞닿아 있다는 것은 감지한다. 그리고 그 어
렴풋한 기억이 시인이 "걸어 올랐던 깊고 고요한 길이
분명히 있"다는 사실만은 알려주면서, 그는 첫 야간
산행의 밤들이 "아직도 나를 잡아당"기고 있음을 인
식한다. 그 밤에 걸었던 "깊고 고요한 길"을 현재의 시
인도 걷고 있다는 것. 그리하여 과거의 밤과 현재의
밤이 겹쳐지며 스무 살이 현재화된다. 스무 살은 미지

의 삶으로 나아가기 시작한 나이, 동경의 마음과 정신으로 삶을 살아가는 나이다. 시인은 산행을 통해 그 나이 때와 다시 만난다. 산행은 미지의 세계에 대한 기대와 동경을 시인이 다시 품을 수 있도록 그의 젊음을 되살린 것이다.

정이경 시인이 오지로 떠나는 것은 저 스무 살 때의 마음과 정신을 가진 삶을 살기 위해서일 것이다. 그것은 결코 쉽지 않은 삶이어서, 굳은 의지를 필요로 한다. 이 시집의 서시 격인 「반야용선, 아프리카」에 따르면, "혼자 걸을 수 있고 혼자 누울 수 있는 무지개다리가 되"어야 하는 그 삶은 "오로지 나만의 것"인 "나의 의지"를 가지고 "악착보살처럼" 살아 나가는 삶이다. '악착보살'이란 이를 앙다문 보살을 뜻하는데, 이 보살은 시의 제목의 일부인 '반야용선般若龍船' 일화와 관련된다. 반야용선이란 반야, 즉 최고의 지혜를 향해 나아가는 용이 이끄는 배를 의미한다. 어느 마을에 도착한 반야용선에 한 여인이 타기로 한다. 하지만 그 여인은 자식들과 작별하느라 그 배가 떠나는 시간에 그만 늦어버렸다. 부처님은 반야용선에서 밧줄을 늘어뜨려 주셨고 여인은 이를 악물고 그 밧줄을 붙잡아 대롱대롱 매달린 채 불국정토까지 갔다고 한다. 이 이야기에서 '악착보살'이라는 말이 나왔다. 제목에 따르면 아프리카는 시인에게 반야용선인 것, 시인은 "언젠가 너를 만날 수 있겠다는" 희망으로 악착보살처럼 아프리카가 늘어뜨린 길을 붙잡고 걸어가는 것이다. 시인이 간절하게 만나고자 하는 '너'란 누구일까? 아래 시에 나오는 '응고롱고로 분화구'가 그 '너' 중 하나이겠다.

아루샤를 출발해 세렝게티 가는 길
한순간 공중으로 치솟아 오르는 느낌이 든 때가 있었다
그때 미처 고개 들어 보지 못한 머리 위는
무지개로 빛나고 있었을까
젖어 있다고만 여겼는데

노래하는 너

춤추는 너

늙은 발걸음을 가진 코끼리도
일가를 이룬 사자도
너를 쳐다보던 나도
허공을 디딘 왼발과 오른발에서는 내가 모르는 악

기 소리가 났고

　　나비와 함께 날아오르던 명랑한 음표들이 가득한

　　때로는

　　발바닥이 촉촉하고 붉은 눈물을 머금기도 하는

　　배꼽 부분에서라고 들었다

　　너의 잠은 한없이 둥글고 깊었고

　　네 언저리에서 둥둥 떠다닌 나는 먼 곳이었다

　　　　　　　　　　　　　　　　―「응고롱고로 연가」 전문

　시인은 "세렝게티 가는 길"에 있는 '응고롱고로' 분
화구와 만나서 "한순간 공중으로 치솟아 오르는 느
낌"을 받는다. 이를 우리가 앞에서 말한 숭고의 경험이
라고 할 수 있겠다. 그 분화구를 지칭하는 '너'는 시인
의 "머리 위"에서 노래하고 춤춘다. (이때 "머리 위"란
꼭 분화구의 위치만을 의미하는 것은 아닐 테다. 분화
구는 그의 머리 위 '허공'에서 노래하고 춤추고 있다고
하니 말이다.) 그 분화구의 "배꼽 부분에서"는 허공에
디딘 발의 움직임에 따라 "내가 모르는 악기 소리"가
나며 "명랑한 음표들이 가득" "나비와 함께 날아오"른
다. 시인의 발바닥은 "촉촉하고 붉은 눈물을 머금"는
다. 물론 응고롱고로가 노래하고 춤춘다고 하지만, 그
분화구가 움직일 리는 없다. 그것은 "한없이 둥글고

깊"게 잠자듯이 누워 있다. 응고롱고로의 춤과 노래는
시인의 정신 속에서 이루어지는 것, 그 춤과 노래는
시인에게 "둥둥 떠다"니는 숭고를 선사하는 것이다.
이 숭고의 경험을 통해 비로소 시인은 그가 동경해 왔
던 "먼 곳"에 도달한다. 아니, 시인 자신이 비록 순간이
나마 응고롱고로와 같은 "먼 곳" 자체가 되어, 아래와
같이 다른 삶—혼자 춤추는 삶—을 사는 "새로운 나"
로 변신한다.

> 구경꾼이 없어도
> 혼자 춤을 출 것이다
> 오래
> 느닷없는 리듬에 이끌려
> 다시금
> 나는 새로운 나에게로 도착될 것이다
> 발뒤꿈치 사뿐 들고
>
> —「커튼콜」부분

3.

앞서 인용한 「커튼콜」에서 시인은 "느닷없는 리듬
에 이끌려" "혼자 춤을 출 것"이라고 자신의 의지를
밝힌 바 있다. 이 "느닷없는 리듬"은 숭고의 순간을 불

러일으키는 어떤 현현이 만든다. 현현하는 광경에는
리듬이 새겨져 있는 것, 그 리듬의 숭고성이 시인의
정신을 활성화시키고 상승시켜서 그를 홀로 춤추도
록 이끄는 것이다. 한편, 다음과 같은 평온한 광경에
서도 시인은 리듬을 감지하는데, 이 리듬 역시 또 다
른 종류의 숭고함을 시인에게 안겨 줄 것이다.

> 기다리던 편지처럼 왔습니다 십이월은
> 눈 덮인 초원에 풀어놓은 양 떼
> 온종일 머리를 박고 있었습니다
>
> 자연에서 얻지 않은 것은 없다고
> 일용할 양식을 구하느라 옮겨 다니지만
> 맥박은 그지없이 평온합니다
> 게르의 문 자주 여닫히고 사람들도 둥글게 모여듭
> 니다
> 한꺼번에 왔다 가 버릴 사람들이 드나드는 사이
> 저녁과 함께 새끼 양을 안고 들어선 남자의 표정은
> 모든 것을 품습니다
> 이것은 어떤 마음입니다
> 새벽까지 난로의 불씨를 걱정하는,
> 광야의 바람과 보이지 않는 짐승의 소리를 끌어와

리듬을 만들어 냅니다

꽁꽁 언 두 손이 흐미를 듣게 된 귀를 어루만집니다

그날 밤 게르 밖의 별들도 둥근 모음으로만 빛났습
니다

　　　　　　　　　　　　—「몽골, 겨울 그라피티」 전문

위의 시는 12월, 빈궁한 몽골 초원의 "그지없이 평
온"한 광경을 보여 준다. 이 초원에서 사는 자들은
"일용할 양식을 구하느라 옮겨 다니"면서도 큰 걱정
은 하지 않는다. "자연에서 얻지 않은 것은 없다고"
생각하기 때문이다. 그들은 소유에 대한 집착이 없
다. 그래서인지 사람들과 동물들은 둥글게 서로 어울
린다. "온종일 머리를 박고 있"는 "양 떼"와 '게르' 안
에 "둥글게 모"인 사람들은 같은 차원에 존재한다. 이
들과 세계 사이에 분리는 없다. "저녁과 함께 새끼 양
을 안고 들어선 남자의 표정"을 보라. 그 표정은 저녁
의 세계와 새끼 양과 남자 자신의 몸을 모두 품고 있
는 것이다. "광야의 바람과 보이지 않는 짐승의 소리"
가 만들어 내는 이 세계의 리듬은 몽골의 전통 음악
인 '흐미'처럼 발현된다. 두 손으로 귀를 어루만지는
남자의 모습은 그 '바람—짐승—흐미'의 리듬처럼 느
릿하게 둥글다. "게르 밖의" 세계 역시 '흐미'의 리듬
으로 운행되어서, 하늘의 "별들도 둥근 모음으로만

빛"난다.

둥근 리듬에 감싸이는 세계의 광경은 따스하고 아름답다. 이 광경 역시 우리의 의식으로 포착할 수 없다는 면에서 숭고하다. 하지만 이는 위에서 보았던 숭고, 즉 우리의 정신을 상승시키고 춤추게 만드는 숭고가 아니라 우리의 의식을 풀어 세계에 스며들게 만든다는 면에서의 숭고다. 우리는 저 숭고한 세계의 은은하고 둥근 리듬에 안겨 무장 해제되고, 그 아름다움에 홀려 고요히 아득해지는 느낌을 받는다.

하지만 정이경 시인이 자연의 세계에 낙관적이거나 낭만적인 생각만을 갖고 있는 것은 아니다. 그는 평원에 사는 동물의 삶이 평온하지만은 않다는 것을 잘 알고 있다. 자연은 생명체에게 고통도 준다. 가령 '세렝게티'(시인은 이 이름이 '끝없는 평원'이란 뜻이라고 주석에서 밝히고 있다)에 비가 "사방에서 퍼부어 대"기 시작하면, "한데서 비 맞"으며 "평온을 찢고 들어온 돌풍과 막다른 시간에 숨이 막힐" 짐승들의 "밤늦도록 여린 울음소리들"(「먹먹, 세렝게티」)이 평원에 울려 퍼지는 것이다. "음악이 되지 못하는" 비를 맞으며 "어미는 계속하여 검은 밤과 싸"(같은 시)워야 하는 어떤 운명을 세렝게티 초원은 알려 준다. 시인에게 몽골 초원은 세계와 삶의 둥글고 포근한 숭고성을 알려 주는 장소였다. 그런데 폭우 속에서 짐승들의 구슬

133

픈 울음소리를 들려 주는 저 세렝게티는 벗어날 수 없
는 삶의 비극적 운명을 숭고하게 드러낸다. 이 운명으
로부터 빠져나오고자 하는 짐승 역시 기존의 기호로
는 표현할 수 없는 삶의 슬픔을 드러낸다.

> 어제의 지평선을 버리고 건기로 접어든 물가에
> 완전히 꺾지도 못하고 접을 수도 없는
> 긴 다리의 슬픔이라니
> 어떤 상처와 공포가 도사린 곳에서
> 겨우겨우 일어나 그곳을 벗어나던
> 기린의 목과 다리에 대하여
> 공중의 높이에 대하여
> 일찍이 입력된 기호는 버려야 한다
> 구름이 다시 몰려오는 것처럼
> 삶의 문제는 언제 어디서나 진행형
> ─「세렝게티에서의 두 가지 표정」 부분

위의 시의 기린은 "어떤 상처와 공포가 도사린 곳
에서/겨우겨우 일어나 그곳을 벗어나"야 하는 삶을 특
별히 상징하는 동물이다. 기린과 같은 온순한 존재자
에게 세계는 평온하기만 하지 않다. 세계는 폭우를 쏟
기도 하고 가뭄을 주기도 한다. 고난을 주는 세계의

어떤 장소로부터 벗어나기 위해 기린은 긴 목과 다리로 세상을 살아간다. 멀리 보면서 위험을 일찍 감지하고, 그 위험에서 빨리 벗어나기 위해서다. 그래서 기린의 목과 다리는 "언제 어디서나 진행형"인 삶의 비극적 슬픔을 표현하는 것이다. 이 비극적 슬픔 역시 숭고하다고 하겠는데, 위에서 인용되지 않은 시의 구절을 인용하자면, 기린은 "무리와 떨어져 나뭇잎을 먹"는 "공중의 높이"를 가지고 있기 때문이다. 그 높이가 보여 주는 슬픔은 가늠할 수 없어서 우리의 의식을 틀 지우는 "일찍이 입력된 기호"로는 표현될 수 없다.

시인에게 세렝게티는 삶의 원초적 활력을 보여 주는 공간인 동시에, 한편으로 저 기린에서 보듯 삶의 원초적 비극성을 보여 주는 공간이기도 하다. 그래서 세렝게티는 "두 가지 표정"을 가지고 있는 것이다.

4.

앞에서 말했듯이 위험한 세계 속에서 살아가야 하는 삶의 원초적 비극성은 "공중의 높이"를 가지고 있다. 그 높이의 숭고함을 그 자체로 드러내는 곳이 바로 하늘 높이 솟아오른 산일 것이다. 시인은 산이 뿜어내는 숭고함을 체험하기 위해 위험을 무릅쓰고 세계적인 고산高山에 오른다. 예를 들어 「결국은 우후루피크」에서 우리는 킬리만자로의 최고봉인 '우후루피크'에 오르고 있는 시인의 모습을 볼 수 있다. 시인의 주석에 따르면 '우후루피크'는 스와힐리어로 '빛나는 산'이라는 뜻을 가지고 있는데, 자유란 뜻도 함께 담겨 있다고 한다. 산이 뿜어내는 숭고한 빛은 자유를 체험케 한다는 의미이겠다. 시에 따르면, 우후루피크를 힘겹게 오르면서 시인은 "화산재 너덜지대"가 "곳곳이 허술한 나를 비웃는"다고 느꼈는데, 그럴 때일수록 그는 "유성이 떨어지는 곳에 있을 세렝게티를 생각"하며 "날이 새면" "기린이 되고 표범이 되어" "그곳으로 갈 것이라"는 희망을 갖고 산을 넘었다고 한다. 이는 삶의 원초적 비극을 견디며 살아가는 세렝게티 동물들의 강인함으로 우루후피크가 지닌 "공중의 높이"에 다다르고자 하는 시인의 의지를 표현한다.

그런데 시인은 등반 중에 삶의 원초적 비극성을 견디는 강인함을 보여 주는 사람들과도 만난다. '등반에서 짐을 나르며 길을 안내하는 사람들'을 의미하는 '셰르파'가 그들이다. 「사흘이 지나도 나의 셰르파」는 시인이 등반을 함께한 어떤 어린 셰르파에 대한 시다. "더는 번져 갈 수 없는 가난"을 살아갈 그 셰르파는 "내보이기 싫은 상처를 떠메고 가는" "단단한 어깨와 발뒤꿈치"를 가졌다는 것. 이 어깨와 발뒤꿈치에는

"어설픈 연민 따위가 감히 끼어들 수 없는" 어떤 숭고한 강인함이 새겨져 있다.

　이렇듯 시인은 사람이 살기 힘든 지극히 높은 산에서도 삶의 숭고성과 마주치게 되는데, 산에 묻힌 산악인들의 무덤은 또 다른 방향에서의 삶의 숭고성과 마주치게 한다. 「안나푸르나 ABC」는 이 마주침을 보여주는 시다. 산악인들의 무덤이 모여 있는 '안나푸르나 베이스캠프'에 묻힌 산악인들과 마주하면서 시인은 "별빛을 길잡이로 내세"우면서 "풍찬노숙의 시간"을 살았던 그들의 "빛나는 시절을 생각"한다. 그 "길을 지우던 눈바람 속을/멈추지 않고 하염없이 나아"갔던 빛나는 시절과 "차곡차곡" 죽음이 쌓여 있는 슬픔이 극명하게 대조되는 곳에서, 시인은 고산 등반처럼 고난을 뚫고 살아가야 하는 삶의 숭고함과 함께 그 삶도 결국 꺾이고 만다는 비극적 운명의 슬픔을 동시에 느꼈을 것이다. 하여 시인은 안나푸르나 베이스캠프와 마찬가지로 세계는 삶의 숭고성과 비극성을 모두 품고 있다고 생각한다. 아래의 시는 세계의 그 "두 가지 표정"을 상징적으로 응축하고 있다.

　　아마 동쪽에서 왔을 것이다
　　저 울음은

무릎을 꺾어 가면서까지 온전하게
제 등을 내어주는 늙은 낙타의 순종은
걷고 걸어도 사막

꿈속에서도 사막
자고 나도 사막일 것이다

일찍이 깃들지 못한 나무들은 다 어디로 갔을까
현기증 나는 증발이 사방에 펼쳐져 있고
아직 도착되지 않은 내일이
성긴 가루가 되어 발가락 사이를 더 넓게 벌려 놓았다
움푹 팬 기억을 더욱 구부려 울음을 새겨 넣는 일은
바람이 시키는 일일까

거친 숨소리와 방울 소리 낙타의 느린 발자국마저
바람이 세우고 허무는 어제와 오늘

별 하나
귀를 세울 때마다 나는,
서쪽에 있었다

—「명사산」 전문

138

시집의 마지막을 장식하는 위의 시는 삶의 운명적인 비극성을 숭고함으로 승화시킨다. 시에 따르면 삶은 "걷고 걸어도" 끝없이 펼쳐져 있는 사막이다. 꿈속까지도 사막이다. 시인은 어디를 향해 저 끝없는 사막을 건너가고 있는 것인가? '서쪽'을 향해서다. 진리가 담긴 경전이 있는 곳에 도달하기 위해 거쳐 가야 하는 서쪽. 그런데 이 서쪽에는 사막이 펼쳐져 있다. 시인은 동쪽에서 진리가 있는 곳을 향해 사막—서쪽—을 건너고 있다. 사막에서의 보행은 울음을 동반한다. 사막의 삶에서 펼쳐지는 "현기증 나는 증발"로 "일찍이 깃들지 못한 나무들은" 모두 사라져 버렸다. 사막은 "거친 숨소리와 방울 소리 낙타의 느린 발자국마저/바람이 세우고 허무는" 곳이다. 이 시시각각 나타나고 사라지는 사막의 시간—"어제와 오늘"—에서 시인은 "움푹 팬 기억을 더욱 구부려 울음을 새겨 넣는"다. 이 새겨 넣기 작업이 바로 시 쓰기일 터, 이에 따르면 시란 기억을 보존하기 위해 허공에 새긴 울음이다. 그 울음—시—에 귀를 기울이는 별이 하늘에 하나씩 뜨기 시작할 때, 시인에게 비로소 진리를 향한 길이 보이기 시작하고 그는 진리가 펼쳐지는 "서쪽에 (자신이) 있"음을 인식하게 될 것이다.

그래서 시인은 이 진리를 향한 서쪽—서역—에서

의 보행 자체가 "내가 오롯이 새기고 또 새겨 갈 경전"
(「경전이 익다」)이라고 생각한다. 그 경전의 완성은 보
장되지 않는다. 또한 그 경전의 문장들은 모두 '허방'
일 수 있다. 하지만 그렇다고 하더라도 시인은 아래와
같이 문장을 계속 써 나가리라고 다짐한다.

다 알려고 하지는 않겠다

걷는 내내 익숙한 자세로 견뎌내는 모래바람

나의 어느 외곽은 오래전

이미 저 바람을 따라갔겠다 싶은 까닭이다

성긴 문장으로는 어림없는,

모든 욕망을 내려놓게 하는 수수방관의 저 자세

누군가는 굳이 설명하려 들어도 그런 것과는 상관없
는 일

전날 저녁에 머리를 감고 잤다

가닥가닥 많은 생각을 키우고

결마다 참 많은 길을 품고 있다고

어떤 자존심의 유전자가 고개를 빳빳이 세웠는지 모를 일이다

나열해 둔 문장들이 언제 완성될지도

한 발짝 내디딘 발자국 아래가 다 허방이어도

모퉁이도 없고 내일의 날씨를 염려하지 않아도 되는 이곳에서

들어가면 나올 수 없다고 해도

　　　　　　　　　　　　　　—「애써, 타클라마칸」 전문

'모래바람'은 어제와 오늘을 세우고 허물면서 사막에서의 보행을 "익숙한 자세로 견뎌"낸다. 시인의 "어느 외곽"이 "오래전/이미" 따라갔다는 모래바람. 이 바람은 "모든 욕망을 내려놓게 하는 수수방관의" 자세

를 갖췄다. "결마다 참 많은 길을 품고 있"어서 "많은 생각을 키우"는 타클라마칸 사막의 '가닥가닥'을 걷고 있는 시인도, "나열해 둔 문장들이 언제 완성될지도" 모르지만 욕망을 내려놓고 시가 될 문장들을 써 나가고자 한다. "들어가면 나올 수 없다"는 저 타클라마칸 사막에서 말이다. 모든 것이 세워졌다가 허물어지는 이 사막에서의 시 쓰기는, "한 발짝 내디딘 발자국 아래가 다 허방이어도", 아래와 같이 어떤 꽃을 피워내며 삶의 길을 메울 것이기에.

천 길 낭떠러지를 건너 아지랑이 속 어떤 꽃가루처럼
느닷없이 여름이 가고 가을이 오지 않아도
발아래 핀 꽃은 허공에서도 활짝, 활짝
길을 가득 메울 것이다
                                    ─「시시각각, 히말라야」 부분

비는 왜 음악이 되지 못하는 걸까

2020년 12월 7일 1판 1쇄 펴냄

지은이	정이경
펴낸이	김성규
책임편집	김은경 미순 조혜주
디자인	김동선
펴낸곳	걷는사람
주소	서울 마포구 월드컵로16길 51 서교자이빌 304호
전화	02 323 2602
팩스	02 323 2603
등록	2016년 11월 18일 제25100-2016-000083호

ISBN 979-11-91262-05-6 04810

ISBN 979-11-89128-01-2 (세트)

* 이 책은 경남문화예술진흥원의 지역문화예술지원금을 받아 제작되었습니다.
* 이 책 내용의 전부 또는 일부를 재사용하려면 반드시 지은이와 출판사의 동의를
  얻어야 합니다.
* 잘못된 책은 교환해 드립니다.
* 이 책의 국립중앙도서관 출판시도서목록(CIP)은 서지정보유통지원시스템 홈페이지
  (http://www.seoji.nl.go.kr)와 국가자료공동목록시스템(http://www.nl.go.kr/kolisnet)에서
  이용할 수 있습니다. (CIP제어번호:2020050616)